Miren Junkal Guevara Llaguno

LIDIA

Liderazgo de mujeres en
los orígenes del cristianismo
(He 16,11-40)

SAN PABLO

Colección dirigida por Silvia Martínez Cano

Miren Junkal Guevara Llaguno (Bilbao, 1966) es catedrática del Departamento de Teología de la Universidad Loyola Andalucía, licenciada en Derecho por la Universidad Pontificia Comillas y doctora en Teología por la Facultad de Teología de Granada. Enseña Pentateuco, Libros históricos e Historia del Israel antiguo. Investiga las relecturas del texto bíblico tanto en la literatura parabíblica como en las manifestaciones de la cultura contemporánea, particularmente el cómic y la novela gráfica. Es autora en esta misma colección de *Tamar. Provocación y justicia (Gén 38)*.

© SAN PABLO 2024 (Protasio Gómez, 11-15. 28027 Madrid)
Tel. 917 425 113
E-mail: secretaria.edit@sanpablo.es - www.sanpablo.es
© Miren Junkal Guevara Llaguno, 2024
© Ilustración de portada: Silvia Martínez Cano, 2024
© Ilustraciones de interior: Montserrat Martín Blanco, 2024

Distribución: SAN PABLO. División Comercial
Resina, 1. 28021 Madrid
Tel. 917 987 375
E-mail: ventas@sanpablo.es
ISBN: 978-84-285-7094-7
Depósito legal: M. 4.883-2024
Printed in Spain. Impreso en España

Introducción

La historia de Lidia, la mujer de Tiatira que Pablo encontró en Filipos, y con la que puso en marcha la Iglesia de esa ciudad, se erige en el cronograma del programa evangelizador del apóstol como una especie de señal de su novedad en relación a la primera praxis de la Iglesia naciente.

Esta señal viene determinada al menos por tres elementos: el momento en el que la historia se cuenta; el hecho de que esté focalizada en una mujer, y la estructura organizativa de la misión de Pablo que desvela.

Y, así, la historia de esta mujer comienza hablándonos de su origen, Tiatira, una ciudad situada al norte de la región de Lidia, sobre el río Lico, justo en el límite con la región de Misia, y a unos 60 km de la costa del Egeo.

Seleuco I (ca. 305-281 a.c.) refundó la ciudad como colonia militar macedónica, y parece que fue él quien le dio el nombre de «Tiatira», que etimológicamente sugiere «ciudad de la hija/esclava», porque fue allí donde recibió la noticia de que había tenido una hija.

Con todo, Tiatira se desarrolló como un importante centro comercial que basó su economía en la actividad de los gremios de tejedores, tintoreros y artesanos del cuero.

Estrabón habla de la existencia en ella de una colonia romana desde el año 133 a.c., y se conoce que la ciudad daba culto a distintas divinidades (Esculapio, Artemisa...), aunque parece que el culto principal se tributaba a Apolo, representado como un dios solar que aparecía en las monedas que se acuñaban, y en cuya memoria se organizaban importantes juegos.

Que Lidia, nuestra protagonista, llevara el nombre de la región de la que procedía ha hecho que algunos especulen con que fuera una esclava liberada. Ahora bien, como hacen notar otros, Horacio da testimonio del uso del nombre propio «Lidia» por mujeres de la alta sociedad, y el perfil de esta mujer, como veremos, no nos hace pensar que tuviera un origen servil.

Y, así, leyendo toda su historia, parece más bien que Lidia era una mujer que había migrado desde una ciudad del interior de Asia Menor con impronta cultural griega, a otra en la costa de Grecia con marcada cultura romana. De esta manera, cabe pensar que ella sería alguien que habría hecho un ejercicio importante de inculturación, no solo en la lengua o las costumbres, sino también en la actividad económica, porque el relato la presenta como una mujer con un negocio propio de tintorerías, en cierta manera, como los de su ciudad natal.

Lidia en el programa evangelizador de Pablo

La historia de la que Lidia es protagonista se sitúa en el capítulo 16 de los Hechos de los apóstoles, después de que la asamblea de Jerusalén resolviera la integración de los gentiles en la comunidad cristiana con una serie de condiciones (He 15,1-35).

En la estructura general de la obra, la primera evangelización de Filipos tiene lugar en el segundo viaje misionero de Pablo (He 15,36–18,22) que, según los autores, se produjo en torno al año 49 d.C.

Por otra parte, el género literario elegido por Lucas para esta obra (que algunos consideran «segunda parte del evangelio»), la historiografía griega biográfica y patética (Dormeyer-Galindo), pretende influir e involucrar al lector, de manera que no vamos a encontrar, en el episodio del que Lidia es protagonista, un mero relato de viajes, sino una invitación a repensar nuestros modelos misioneros, al menos desde tres claves: *ad gentes,* con liderazgo paritario y con trama comunitaria.

Así, el comienzo de este segundo viaje misionero está marcado por el hecho de que, puesto que la evangelización de los gentiles *(ad gentes)* había comenzado a tintar singularmente la misión de Pablo, la asamblea de Jerusalén decide que este, Bernabé y algunos elegidos visiten las comunidades para explicar el sentido de la nueva misión.

La primera comunidad que visitan es Antioquía, capital de la provincia romana de Siria y tercera ciudad del Imperio, el primer lugar fuera de Jerusalén donde el evangelio había sido anunciado a los gentiles (He 11,20), y el primer lugar en el que los seguidores de Jesús fueron llamados cristianos (He 11,26).

Antioquía, además, fue la comunidad que envió y sostuvo la primera misión apostólica de Pablo y Bernabé (He 13,1-13).

Ahora bien, en el marco de esta visita, se produce una disputa entre Pablo y Bernabé de tal calado, que rompen su relación y toman caminos apostólicos separados: Pablo, acompañado de Silas, se dirige hacia Siria y Cilicia, mientras que Bernabé, junto con Juan Marcos, embarca para Chipre (He 15,36-41).

Y, así, esta ruptura con Bernabé, muy posiblemente, provoca, a su vez, una doble ruptura: con la comunidad de Antioquía, que fue comunidad matriz para Pablo, y con la de Jerusalén, que los había enviado a ambos con una misión muy concreta (Dunn, 2012b, p. 762).

Esta ruptura está ligada, probablemente, al hecho de que, en la práctica, en Antioquía no se aceptara plenamente la visión de Pablo acerca de las relaciones entre los miembros de las comunidades mixtas (Gál 2,11-21), algo que él había defendido con ardor en la asamblea de Jerusalén. Y, así, de alguna manera, el conflicto con Bernabé supuso para Pablo un «nuevo comienzo» en su actividad apostólica (Flp 4,15).

Por todo ello, la llegada a Filipos está marcada, por una parte, por una cierta desafección institucional y, por otra, por la convicción de que el Espíritu marcaba y legitimaba el nuevo rumbo apostólico (He 16,6-10), marcado por la apertura a los gentiles.

11

Preferencia de Pablo por una evangelización del mundo urbano.

En este nuevo rumbo apostólico, las ciudades griegas del mar Egeo se convirtieron en el espacio preferido para la evangelización de los gentiles.

De esta manera, y poco a poco, el nuevo mapa de la actividad pastoral de Pablo va adquiriendo un tinte racial y culturalmente mixto y, además, claramente urbano, algo en plena sintonía con el contexto histórico y social del mundo romano, de cuya ciudadanía gozaba el apóstol por haber nacido en Tarso (He 22,22-29).

Varias causas pueden explicar esta preferencia de Pablo por una evangelización del mundo urbano de influencia romana que caracteriza el nuevo rumbo de la misión.

En primer lugar, la facilidad que suponía para Pablo utilizar el griego como lengua de comunicación; además, el hecho de encontrarse con comunidades, judías y gentiles, mucho mayores y, por tanto, con muchos más contactos (mercantiles, familiares, sociales...) con ciudadanos de otros lugares, y, por último, que los grupos emergentes de cristianos podían pasar más desapercibidos (Dunn, 2012a, p. 644).

Se nota el interés del autor de los Hechos por comunicar los jalones del viaje: de Tróade a la isla de Samotracia y, de allí, al puerto de Neápolis, el más cercano a Filipos.

Y es que la geografía de este segundo viaje misionero habla del sentido del mismo en el marco del programa apostólico alentado por el Espíritu.

Tracia fue siempre para los griegos una región marginal y, quizás por esa razón, Pablo evita detenerse allí y salta a la isla macedonia de Samotracia, donde se encontraba el santuario de Caribdis, un lugar emblemático en el mundo de los cultos mistéricos al que acudían peregrinos de todo el Imperio romano.

La parada en Samotracia es breve. Pablo carece de cualquier interés por conocer ese culto mistérico o por convertir a sus sacerdotes.

Breve también es el tiempo en el puerto de Neápolis, donde tampoco se detienen los misioneros, que se apresuran a tomar la ruta comercial de la Vía Egnacia, la calzada en dirección este/oeste que conectaba el Adriático con Bizancio.

Pablo tiene interés en llegar cuanto antes a Filipos, ciudad principal de aquella zona de Macedonia, muy romanizada a pesar de su ubicación.

Filipos era colonia romana y, por tanto, disfrutaba de una cierta autonomía, exención de tributos e impuestos, y se regía por el ordenamiento jurídico romano.

Además, por estar situada en la Vía Egnacia, era paso privilegiado de gentes, caravanas, etc. que recorrían el mundo globalizado del Imperio.

No solo eso; la ciudad tenía fuentes de riqueza propias porque en el vecino monte Pangeo existían minas de oro, plata y hierro.

Sabiendo todo esto, resulta ahora más fácil comprender, primero, por qué Lidia, originaria de Tiatira, se había desplazado a Filipos, y por qué, allí, se encontró con Pablo.

Efectivamente, las condiciones políticas, culturales y económicas de Filipos pudieron justificar la migración de Lidia, una mujer con aparente autonomía personal, que conocía el oficio de la tintorería en su ciudad de origen, algo que parece respaldado por el hecho de que Homero cita a dos mujeres de Lidia conocidas por su desempeño en el oficio de los tintes (WITHERINGTON, 1992), y a quien establecerse por su cuenta en una ciudad tan romanizada como Filipos debió resultarle más conveniente.

En Filipos pudo aprovechar su conocimiento del oficio y reorientarlo hacia la tintura con la púrpura *(murex)* que los griegos habían aprendido de los fenicios, y que era un producto de lujo muy demandado por consumidores dentro y fuera del Imperio.

Además, en una colonia romana de la primera mitad del siglo I d.C., Lidia pudo aprovechar los logros de la emancipación femenina que se produjo durante el Imperio, en virtud de la cual las mujeres de la alta sociedad alcanzaron la posibilidad de instruirse y cultivarse en el plano intelectual; adquirieron el derecho a divorciarse y celebrar nuevas nupcias; protagonizaron actividades mercantiles y desempeñaron oficios especializados (Mañas Núñez, 1996).

Esta suerte de «emancipación femenina» (Fau, 2009) favoreció no solo una relajación de costumbres sino, lo que es más importante para nosotros, una participación mucho más activa en el mundo religioso romano, que se tradujo en un auge notable de los cultos mistéricos que tuvieron tan buena acogida entre las mujeres; los escritores romanos más conservadores se quejaban de que las mujeres buscaban con afán religiones del oriente del Mediterráneo.

Y, así, podemos comprender la existencia en Filipos de una [*proseuché*], una asamblea de judíos propia de las ciudades que no tenían sinagoga, y que, en esa ciudad, casualmente, estaba formada en su mayoría por mujeres, entre las que se encontraba Lidia.

Parece que podemos afirmar que, de la misma manera que el culto a Diana o a Isis atrajo a muchas mujeres romanas, el judaísmo atrajo el interés de las mujeres de Filipos (Flavio dice que el judaísmo tenía más atractivo entre las mujeres que entre los hombres) que, como otras en otras comunidades fundadas por Pablo (Evodia, Síntique, etc.), se sintieron interpeladas por el refinado concepto de Dios que tenían los judíos, por sus valores morales, por la observancia regular del descanso semanal y, por último, por la cohesión comunitaria que favorecía el calendario cultual.

Lidia, la mujer que preside la *[proseuché]* que Pablo encuentra en Filipos

El relato del capítulo 16 de los Hechos de los apóstoles nos hace saber que Pablo y Silas llegan a Filipos a pasar allí algunos días, probablemente para contactar con la comunidad judía de la ciudad, que había sido siempre la estrategia inicial de Pablo.

Quizás por eso, el sábado, cuando ya sabían que no había sinagoga, salieron a las afueras de la ciudad intentando localizar allí algún pequeño grupo de judíos, una *[proseuché]*.

Una *[proseuché]*, o «lugar de oración», era una asamblea de judíos propia de las ciudades en las que el número de creyentes era tan pequeño que no alcanzaba para fundar una sinagoga (Keener,

2003, p. 367). Tenía que reunirse junto al río, porque se necesitaba agua para las distintas purificaciones. Y, así, el texto dice que los misioneros salieron a las afueras de la ciudad, posiblemente porque el río Gangites estaba a unos 2 km de distancia.

Efectivamente, allí encontraron la pequeña comunidad, que estaba formada solo por mujeres, y a ellas se les anunció el evangelio.

La escena está contada como si se tratara de una conversación entre Pablo y las mujeres; una conversación «espiritual», y no una enseñanza doctrinal en el marco de una religión; en ese sentido, es importante advertir que, a diferencia de otros episodios con grandes discursos de Pablo, no sabemos aquí qué o de qué hablan Pablo y los misioneros a las mujeres.

Lidia, que comparte la curiosidad por el judaísmo con las demás mujeres, puede pensarse, sin embargo, con una doble singularidad.

Por un lado, como mujer con autonomía personal y financiera puede esperar un anuncio «a la altura» de sus expectativas, como mujer «en búsqueda»; por otro, también puede reclamar ser incorporada a la conversación, escuchada en sus interrogantes y respetada en sus decisiones (*«Lydia*

(*Acts 16*)», 2020). Quizás, por esa razón, Pablo está silente, y Lidia se levanta como figura central del episodio.

En ese contexto, Lidia aparece descrita ahora no por su trabajo, sino por su sensibilidad religiosa, como una mujer que «adoraba a Dios» o, en otras traducciones, «temerosa de Dios», que es una manera de identificar a las personas no judías que simpatizaban con el judaísmo, y a quienes les estaba permitido participar del culto sin llegar a ser «prosélitos» (He 10,2; 13,16.26.43.50; 16,14; 17,4; 18,7).

Esa sensibilidad religiosa de Lidia es la grieta por la que el Señor Jesús entra y la dispone para escuchar y dejarse interpelar por las palabras de este predicador completamente desconocido en Filipos. Y la apertura de Lidia es tal que la dispone para recibir allí mismo, en la ribera del río, el bautismo, algo que hizo junto con toda su familia (He 16,14-15).

Lidia, así, acepta la necesidad de un cambio en su vida, y se distingue entre las demás mujeres del grupo por dar un paso al frente y consagrarse por el bautismo como «seguidora del Camino» (He 22,4).

Lidia, una mujer extranjera que ha emigrado a la ciudad de Filipos, posiblemente aprovechando las posibilidades que el mundo romano concedía a las mujeres «independientes», ella que, como otras, se ha sentido atraída por la religión judía –que, a lo mejor, ya conocía en Tiatira– y se ha aproximado a las reuniones convocadas por otras mujeres, se convierte, ahora, en la primera persona en acoger el evangelio de Jesús en Occidente.

Es interesante notar cómo, en este primer espacio de evangelización de Europa, el autor de los Hechos ha introducido con toda naturalidad en el relato dos bautismos, el de Lidia (v. 15) y el del carcelero (v. 33) que, además, son los dos primeros bautismos de Pablo.

Los autores suelen destacar cómo el bautismo aparece en el libro de los Hechos como algo que no necesita mayor explicación, y que, sin embargo, está presentado con una fuerza programática radical, de manera que bautismo e Iglesia son inseparables.

Y, así, podemos interpretar que los bautismos en Filipos hablan de una *plantatio ecclesia* que ha tomado ya un rumbo imparable.

Con todo, si este episodio tiene valor histórico o no, es difícil saberlo, porque, de hecho, en la Carta

a los filipenses, Pablo no menciona a Lidia, aunque sí hace referencia a otras mujeres, Evodia y Síntique (Flp 4,2). Sin embargo, tiene un valor crucial, como vamos a ver, para entender la estructura organizativa de la red apostólica que Pablo fundó en Occidente, y el liderazgo dentro de la misma.

La red de hospitalidad y misión que Lidia inaugura

El texto bíblico afirma, como ya hemos visto, que Lidia se bautizó «con toda su familia» (v. 15), lo que no significa que tuviera hijos y que, por tanto, hubiera estado casada y era, desafortunadamente, viuda.

«Toda la familia», como podemos ver en otros pasajes del libro (He 11,14), hace referencia a todos los de su casa, empleados, familiares, etc., y nos permite trazar el primer paso de la red misional que se inaugura con el bautismo de Lidia, la casa: «Si pensáis que de veras soy creyente en el Señor, venid a alojaros en mi casa» (v. 15).

Los estudios de los orígenes del cristianismo nos han enseñado que, ya en los evangelios, podemos apreciar que gran parte de la actividad de Jesús tuvo lugar en las casas donde se alojaba o era recibido, y que lo mismo sucedió con Pablo.

En Filipos, Pablo, después del bautismo de Lidia, es conminado por esta para que se aloje en su casa, y podemos pensar, si tenemos en cuenta los acontecimientos que en Filipos siguieron a la conversión de Lidia, que, efectivamente, Pablo y sus compañeros de misión se quedaron en la casa familiar de Lidia.

Sabemos que los habitantes de las ciudades del mundo antiguo se esforzaban por tener buenas viviendas, y que una suerte de «orgullo cívico» los llevaba a cuidar las calles, los edificios públicos, etc.

De entre los distintos tipos de casas, la llamada «*domus*» era grande, podía acoger a una familia extendida (parientes incluidos) y a los esclavos y a los siervos (alrededor de 50 personas). Se utilizaba como lugar de reunión y comunión de las primeras comunidades (He 2,16).

Estas «*domus*» contaban con distintos patios hacia los que se orientaban las diferentes habitaciones. Los primeros patios estaban destinados a la actividad doméstica y mercantil, y eran el espacio en el que acoger a clientes y amigos; una vez superados esos primeros patios, se encontraba la zona más privada de la familia, con las habitaciones y salones en los que no se recibía a los de fuera.

En las grandes ciudades (Roma o Corinto), la comunidad cristiana podía estar compuesta de distintas iglesias domésticas (1Cor 14,23; Rom 16,23).

Posiblemente, la casa de Lidia era un edificio propio de una persona con cierto nivel económico, donde ella, además de ser «cabeza de familia» (mejor, *mater familias),* desempeñaba las actividades propias de la gestión de su empresa de tintorería; así, pudo acoger a Pablo y a sus acompañantes durante toda su estancia en Filipos.

Con toda seguridad, era un lugar salubre; ofrecía la calidez de la acogida de una familia, más o menos extensa, y tenía ciertas comodidades que, por ejemplo, permitieran a Pablo pensar y dictar sus cartas, o recibir a otros que, en Filipos, como Lidia, se dejaran interpelar por el evangelio.

Y, así, podemos afirmar que, entre las distintas estructuras que parece que sirvieron para dar forma a las comunidades paulinas, la iglesia doméstica de Filipos convocada en la casa de Lidia se inspiró en el modelo más habitual, el de la casa.

La casa familiar como hogar de la comunidad se trasladó incluso al lenguaje.

Este modelo fue, con toda seguridad, el más frecuente en las comunidades de la primera generación cristiana; el libro de los Hechos comienza (He 1,13) y acaba (He 28,16) en la casa, que se va transformando a lo largo del libro desde el lugar en el que los creyentes se ocultan, orando en común, hasta el espacio en el que Pablo proclama, públicamente y con franqueza, la enseñanza del Reino de Dios y del Señor Jesús.

La importancia de la casa familiar como hogar de la comunidad se trasladó incluso al lenguaje, de tal forma que no es raro advertir que los individuos son llamados «hermano» o «hermana» (Rom 16,12; 1Cor 1,1; Flm 1,1); que Pablo se dirige a ellos con el título de «hijos» (Flm 1,10; 1Cor 4,17; Flp 2,22), y que no son infrecuentes las expresiones «casa común» (1Tes 1,10; Gál 4,4-5; Rom 8,15) o «hijos y herederos» (Rom 8,14-17).

Por otra parte, es interesante notar que, en la estructura general de la obra literaria de Lucas, de los Hechos, es justo en Filipos donde comienzan a aparecer los que se llaman «pasajes nos» (16,10-

17; 20,5-15; 21,1-18; 27,1-28), relatos en los que el narrador cambia el tono para hablar en primera persona del plural.

Mucho se ha escrito sobre esta «herramienta literaria» que algunos creen que el autor utiliza para atenerse a las reglas que se debían seguir al escribir la historia crítica a partir de Heródoto y que exigían ser testigo ocular, comprobar las fuentes e investigar las causas de los acontecimientos de trascendencia mundial (Hdt. *Prólogo*).

Así, el «nosotros» anónimo reclamaría para sí esta calidad de testigo ocular sin tener que describir en detalle sus funciones en ninguna parte; quizás el autor conocía bien a Silas o a Timoteo, y recibió sus testimonios de primera mano (DUNN, 2016, p. x); quizás él mismo formó parte de algún grupo más grande de misioneros acompañantes.

Este cambio se produce, como podemos advertir, en el momento del bautismo de Lidia, la primera cristiana de Europa, o al menos de la ribera del Egeo (DUNN, 2016, p. 215), de tal manera que algunos autores consideran que el uso del «nosotros» identifica a la nueva comunidad de creyentes fundada sobre el bautismo de Lidia y toda su familia.

Y, así, Lidia nos sitúa ante una realidad crucial en el modelo apostólico de Pablo, y es la de la existencia de una red de anfitriones que acogía a los misioneros cuando llegaban a una ciudad.

Los Hechos y la literatura paulina nos permiten conocer personalmente a muchos de ellos: Aquila y Priscila en Corinto, y quizás en algún otro lugar (He 18,2-3); Febe (Rom 16,2); o la madre de Rufo (Rom 16,13).

De esta manera, la red apostólica de Pablo, que parece muy importante en la primera generación, se fortalecía gracias a una serie de elementos:

- La fraternidad apostólica en torno al apóstol.

- La actividad y el dinamismo alimentado por los fuertes vínculos personales.

- Los núcleos apostólicos de las iglesias domésticas.

- Las casas, lugares de acogida, de encuentro y de acceso a las redes sociales de sus dueños (parientes, vecinos, clientes, etc.).

Esta red misionera estaba caracterizada por tres grandes elementos: el primero, la acción del Espíritu; el segundo, el carácter plural, y, el tercero, la solidaridad económica.

La presencia del Espíritu en la historia de Lidia es muy evidente si tenemos en cuenta que la misión en Macedonia es instigada por el Espíritu en un doble sentido: el primero, que se les oponía para que dejaran Asia (vv. 6 y 7), y, el segundo, que se le reveló en sueños –típico ejemplo de revelación profética– para que se dirigieran a Macedonia (v. 12).

Es interesante advertir que el Espíritu no aparece asociado ni al momento en el que el corazón de Lidia se abre al mensaje de la predicación de Pablo (v. 14), ni al momento en el que recibe el bautismo (v. 15). Como hacen notar algunos autores, Lucas nunca dice que el Espíritu esté en el origen de la fe personal, sino que lo vincula al testimonio personal y, por tanto, al crecimiento de la Iglesia que en Filipos, además, rompe las barreras que separan a judíos y gentiles.

La perspectiva plural de la misión en la que Lidia se inserta parte, en primer lugar, del hecho de que, como ya se dijo, el paso a Macedonia es parte de un «nuevo comienzo» en la actividad de Pablo, que coincide con los frutos de la asamblea de Jerusalén, y su ruptura con la comunidad de Antioquía; se confirma también, por el origen de Lidia, una mujer extranjera en Filipos, que además es gentil porque aparece identificada como «temerosa de Dios».

Por último, la solidaridad económica se muestra en su caso en el gesto de hospitalidad que sigue a su conversión, que confirma la sinceridad de esta y que abre en Grecia una red de oportunidades apostólicas que queda evidenciada en la documentación epistolar de Pablo.

Pero, además, como vamos a ver, la figura de Lidia nos sirve para delinear los elementos básicos del perfil de un líder de la red misionera de Pablo.

Lidia y el liderazgo en las comunidades paulinas

La breve historia de Lidia nos sirve también para asomarnos a la «escuela de formación de líderes» que Pablo tuvo que consolidar, de alguna manera, para hacer efectivo y dar continuidad a su primer contacto con las comunidades.

En esta formación de una red de líderes, son dos los aspectos a tener en cuenta: por un lado, la singularidad del liderazgo de Pablo; por otro, las propias cualidades de cada uno de aquellos a los que confió las comunidades.

La singularidad del liderazgo de Pablo

La información que los Hechos y la literatura paulina nos aportan nos permite anotar algunas características del liderazgo de Pablo: su humanidad, cercanía y cuidado por las comunidades y sus miembros; su inquebrantable pasión por el evangelio; su firme convicción en la llamada de Dios a ser su apóstol, preferentemente de los gentiles; su dedicación y entrega gratuita y abnegada a las comunidades, y su honestidad y libertad para asumir el conflicto.

Así, la estancia de Pablo en Filipos subraya alguna de esas notas de su liderazgo.

En primer lugar, su disposición a salir del circuito habitual de la misión, la sinagoga, para buscar en los márgenes de la sociedad a aquellos, en principio, mal vistos por el sistema.

Así, inquieto por anunciar el evangelio, sale el sábado a buscar cualquier señal que le permitiera reconocer a quienes se pudieran reunir para compartir la fe.

Esa búsqueda por las periferias le revela la existencia de un grupo de mujeres que, junto al río, conforman una [proseuché], y se dispone para sentarse a hablar con ellas y anunciarles el evangelio.

De esta manera, el liderazgo de Pablo aparece configurado al estilo de Jesús, que rompe convenciones cuando se invita a entrar en casa de Zaqueo

(Lc 19,5), y lo capacita para reconocer la acción del Espíritu en Lidia e incorporarla junto con su familia a la Iglesia por el bautismo.

Además, aceptando su hospitalidad, Pablo conecta su modelo de misionar con las instrucciones de Jesús a los Doce (Lc 9,4) y a los Setenta y dos (Lc 10,7): «Si entráis en una ciudad y os reciben, comed de lo que os sirvan. Sanad a los enfermos que haya y decid a la gente: "El reino de Dios ha llegado a vosotros"».

No solo eso; el contacto con las mujeres de la [proseuché] de Filipos nos revela un último dato interesante del liderazgo de Pablo, que algún autor ha llamado «hospitalidad espiritual» (FLEMING, 2019, p. 56). Este modo de hacer misión se distingue, al menos, por tres elementos: en primer lugar, la habilidad para acoger con calidez a aquellos que llegan nuevos y desconocidos a la comunidad; en segundo lugar, el «abajamiento» o la sencillez del misionero que sabe situarse a la altura de quien se acerca a la comunidad, prestando un trato digno y respetuoso, y, por último, la capacidad para romper las barreras raciales, de sexo, de cultura, etc.

Por otra parte, al insertar en el tiempo de su estancia en Filipos el episodio del enfrentamiento con la sociedad civil como consecuencia de la liberación de la esclava poseída por el espíritu de adivinación, Pablo asume en su propia carne que el evangelio de Jesús, siendo un anuncio de liberación y salvación, podía enredar a las comunidades en un proceso de hostilidad y conflicto con los poderes de la sociedad en la que estaban insertos.

La singularidad del liderazgo de Lidia

Teniendo todo esto de fondo, el autor de los Hechos modela de manera muy sutil el que será el liderazgo de Lidia, tomando el de Pablo como referencia y presentándolo en el marco del discipulado de Jesús.

Así, Lidia, como Marta y María, que acogen a Jesús en Betania (Lc 10,38-42), pone su casa a disposición de la red misional y se sienta a escuchar la predicación sobre Jesús de boca de Pablo, «tomando la mejor parte» (Lc 10,42).

Además, al ofrecer a Pablo y a los misioneros la hospitalidad de su casa, se vincula con el grupo de mujeres que, junto a los Doce, acompañaban a Jesús y le ayudaban con sus bienes (Lc 8,1-3).

Por otra parte, al insertar la historia de la esclava poseída por el espíritu de adivinación, el relato está confrontando a Lidia con esta, haciendo notar que existe una diferencia radical entre ambas: Lidia está identificada por su nombre porque es un sujeto activo en su proceso de adhesión a Jesús y a la misión, mientras que la esclava, que carece de libertad, está a merced del poder.

Por último, confrontando la autonomía económica de Lidia con la dependencia de los amos de la esclava, evidencia que la clave de una verdadera ciudadanía libre radica en la dignidad de las personas.

De esta manera, Lidia encarna un liderazgo de mujeres en las comunidades cristianas que desvela algunos rasgos interesantes:

- La importancia de incorporar las periferias en la geografía del ministerio apostólico.

- La pertinencia de introducir el diálogo y la conversación a la estrategia misionera.

- La posibilidad de las mujeres de ser reconocidas como algo más que madres, esposas o hermanas.

- La capacidad de las mujeres de orientar su sensibilidad para el cuidado de la familia hacia la reivindicación de la hospitalidad como signo distintivo de la comunidad cristiana.

- La necesidad de entender el liderazgo más allá del protagonismo personal.

- La oportunidad de disociar liderazgo y poder.

En este sentido, es interesante notar cómo estos rasgos que percibimos en Lidia se recogen ya en las palabras que Pablo pronuncia a propósito de Estéfanes o Estéfana, porque los autores no se ponen de acuerdo en su sexo y, quizás, eso lo hace más significativo.

Pablo pondera su liderazgo apuntando su pertenencia a la primera familia que se convirtió en Acaya (1Cor 16,15a), donde «había servido a los hermanos en la fe» (1Cor 16,15b), por lo que se podía esperar de los miembros de la comunidad que se sometieran (v. 16), algo que debía hacerse con todos los que «le ayudan en su labor» (v. 16).

De esta manera, Estéfanes (Estéfana) y todos los líderes que aparecen después de Lidia parecen haber formado parte de una estrategia nueva de Pablo, basada en la selección de líderes comunitarios en cuyas casas, además, fuera posible fundar las nuevas comunidades, ahora «iglesias domésticas».

Este dinamismo apostólico parece que incorporó de forma natural a otras mujeres en las tareas de liderazgo.

En primer lugar, y en el mismo Filipos, Pablo contó con Evodia y Síntique, de las que dice «han luchado conmigo por la causa del evangelio» (Flp 4,3), sin que podamos saber exactamente cuál era la naturaleza de su trabajo, pero algo tenía que ver con el liderazgo porque se las agrupa junto con sus otros compañeros de trabajo, como Clemente.

De la misma manera, de María (Rom 16,6), Trifona y Trifosa (Rom 16,12a) y Pérsida (Rom 16,12b) se dice que «trabajaron por la obra del Señor» (Rom 16,12) en la comunidad de Roma. Y, aunque no sabemos a ciencia cierta qué significa esa expresión, la encontramos en 1Cor 15,10, cuando Pablo se refiere a su propio trabajo misionero, y en 1Cor 16,16, hablando del trabajo de los líderes locales. Por tanto, es posible que Pablo estuviera identificando el desempeño de alguna responsabilidad importante en la comunidad de Roma por parte de estas mujeres.

Por último, Pablo distingue a Febe que, en Céncreas, desempeñó, en primer lugar, el ministerio de diaconisa, que también desempeñaron Pablo y otros (1Cor 3,5; 2Cor 6,4; Flp 1,1) y que, posiblemente, estaba relacionado con el liderazgo y la enseñanza; pero, además, le confiere el título de «bienhechora», una forma femenina de una raíz normalmente utilizada en el Nuevo Testamento referida a varones (1Tes 5,12) y que siempre denota posición como líder, presidente o patrón.

De esta manera, parece que podemos afirmar que esa suerte de «paso adelante» de Lidia en la iglesia doméstica de Filipos anticipa o predispone para un nuevo liderazgo en la misión que, si tenemos en cuenta lo que sucedió en la segunda generación, fue ciertamente novedoso y, de alguna manera, conflictivo *ad intra* de las comunidades.

Lidia, la cultura del encuentro y la amistad social

La historia de la evangelización de Filipos, de la que Lidia es protagonista principal, sirve para anotar algunas reflexiones a propósito de los que se han considerado «axiomas apostólicos» del pontificado de Francisco: el diálogo y la amistad social.

Estos dos axiomas transitan la teología pastoral que mira a un mundo globalizado en el que se hace más urgente que nunca un orden internacional diferente, fundado en el reconocimiento de la igual dignidad de toda persona humana, alentado por la riqueza que significa sabernos hermanos y hermanas más allá de toda frontera y condición, y urgido a trabajar por la paz, «gravemente violada, herida, pisoteada: y esto en Europa, es decir, en el continente que vivió las tragedias de las dos guerras mundiales del siglo pasado» (papa Francisco).

No solo eso; esos mismos axiomas parecen la medicina imprescindible para una Iglesia en camino sinodal, en la que se siente la fragilidad de la comunión, y la resistencia al cambio y a la integración de lo diferente.

Como hizo notar en sus catequesis sobre los Hechos de los apóstoles (mayo de 2019-enero de 2020):

«El viaje del Evangelio por el mundo, que san Lucas narra en los Hechos de los apóstoles, va acompañado por la gran creatividad de Dios que se manifiesta de manera sorprendente. Dios quiere que sus hijos superen todo particularismo para abrirse a la universalidad de la salvación. Ese es el fin: superar los particularismos y abrirse a la universalidad de la salvación, porque Dios quiere salvar a todos» (29 de mayo de 2019).

Y, así, Filipos, la [*proseuché*] y la iglesia doméstica de Lidia manifiestan el proceso de esa dinámica apostólica del papa Francisco y su creatividad.

Este proceso se desvela en nuestra historia como en tres momentos:

- Primero: en Tróade, escuchando al Espíritu gemir en favor de un mundo abierto, un nuevo espacio vital en el que anunciar el evangelio trascendiendo las diferencias y apostando por la dignidad de las personas para contribuir a la construcción de una mejor humanidad.

- Segundo: en la ribera del Gangites, acercándose para escuchar empáticamente a las mujeres, intentando comprender sus búsquedas e inquietudes, apreciando su punto de vista y sin imponer opiniones o doctrinas.

- Tercero: en la iglesia doméstica de Lidia, consolidando relaciones de fraternidad y sororidad, favoreciendo el entendimiento mutuo, la reconciliación, la paz y el bien de los miembros de la comunidad.

De esta manera, en Filipos, la comunidad más próxima al corazón de Pablo (Flp 1,7-8), arrancó un modo de evangelizar nuevo y creativo que, sorteando la tentación de las primeras comunidades cristianas de crear grupos cerrados y aislados, sembró el evangelio no solo en una red geográfica nueva, la de Europa, sino que le dio una estructura a la altura de los desafíos intelectuales, sociales y religiosos que las nuevas sociedades demandaban. Y, aunque para el mismo Pablo no fue fácil, porque sintió –de alguna manera– la desafección con las iglesias madre de Antioquía y Jerusalén, el Espíritu, y la respuesta de los que poco a poco se fueron bautizando, le consoló y confirmó en medio de las dificultades: «Estoy seguro de que Dios, que comenzó a hacer en vosotros su buena obra, la irá llevando a buen fin mientras llega el día en que Jesucristo regrese» (Flp 1,6).

Lidia y el mundo del trabajo marginal

La historia de Lidia y las mujeres de la *[proseuché]* de Filipos puede quedar en una historia casi romántica de reivindicación del liderazgo femenino en las comunidades paulinas si no examinamos críticamente la información que el texto nos ofrece sobre su desempeño profesional como «vendedora de telas finas de púrpura» (v. 14).

El negocio de la tintorería, y particularmente el de la púrpura, fue de alguna manera «monopolizado» por los fenicios desde los comienzos del Hierro (siglo XI a.C.).

La púrpura más cotizada se obtenía entonces tras la elaboración del pigmento extraído de las glándulas de un molusco (*murex*, cañaílla), y tras un complejo proceso de reacciones químicas.

43

Las industrias de obtención de la púrpura se situaban a las afueras de las ciudades porque, tanto las cubas que mantenían vivos los moluscos, como las que soportaban los procesos químicos, atraían moscas, insectos y tábanos, y producían un olor apestoso que era famoso en la Antigüedad. Plinio el Viejo, de hecho, habla de «su olor fétido, y su apariencia verdosa y fea, como la de un mar revuelto».

Además, como hace notar Aristóteles en *Mecánica,* los productores de púrpura tenían fama de engañar y hacer trampas con las medidas, y muy pronto inventaron tonos de imitación de origen vegetal y animal, tratando de satisfacer la enorme demanda del producto, aunque fuera con una oferta de menor calidad.

De hecho, los romanos desarrollaron nuevas técnicas de cría artificial del molusco que producía la púrpura, que, por su elevado coste y sus atrayentes tonalidades cromáticas, llegó a convertirse en un signo externo de riqueza que acabó asociándose con los poderosos, concretamente, con el poder imperial.

De esta manera, el acceso a la púrpura fue prohibido a los plebeyos porque los poderosos hicieron de ella uno de los instrumentos más notables para hacer propaganda de su rango.

Y, así, la historia de Lidia y las mujeres de la [*proseuché*] adquiere una perspectiva más profunda.

Como dijimos, Lidia, al provenir de Tiatira, conocía bien la industria del tinte, aunque del tinte «de imitación», el vegetal, porque en su ciudad de origen se teñía con raíces de la rubia o de la «laca de granza». Posiblemente, en su ciudad había formado parte del gremio de tintoreros y mercaderes textiles, y es plausible que, al trasladarse a Filipos, buscara un futuro mejor para ella y para otras mujeres del ramo, o esclavas, dispuestas a seguirla y a probar suerte.

Así, la sucinta información del texto nos permite intuir que Lidia, a pesar de desempeñar un negocio próspero, estaba directamente vinculada a los márgenes de Filipos; primero, porque desempeñaba un oficio cuyo olor repugnante obligaba a poner las industrias a las afueras de las ciudades; segundo, porque como provenía de Tiatira, donde se producían tintes vegetales, recaía sobre ella la sospecha de que engañara a los clientes con algún tipo de imitación; además, era mujer, extranjera y, particularmente, oriental, y, por último, porque su pertenencia religiosa, «temerosa de Dios», la descalificaba en una sociedad en la que había que dar culto al emperador, «Señor del pueblo romano».

Teniendo en cuenta todas estas claves, Lidia y las mujeres de la [*proseuché*] pueden evocar para nosotros la realidad de los colectivos extranjeros, asiáticos o africanos, por ejemplo, o de las mujeres migrantes que desempeñan tareas que son necesarias para mantener nuestro estilo de vida, y que, sin embargo, relegamos a los márgenes.

Así, deberíamos examinar nuestra hipocresía a la hora de consumir productos de imitación que venden de manera precaria muchos africanos, bien por las calles, o bien en mercadillos más o menos piratas; podríamos discernir nuestra posición en relación a las condiciones laborales en las que trabajan muchos empleados del comercio asiático que consumimos a bajo precio; y deberíamos cuidar el trato que damos a las mujeres latinoamericanas que desempeñan trabajos domésticos o de cuidado de ancianos en nuestras casas privadas.

Muchos de ellos, físicamente, viven en los márgenes de las ciudades en pisos compartidos de condiciones poco salubres; otros han tenido que salir muy lejos de las ciudades para encontrar una vivienda digna, e invierten mucho tiempo de su día en los trayectos para llegar a su trabajo; algunos viven en el centro de las ciudades, e incluso escolarizan a sus hijos en buenos centros, pero son mirados con una cierta sospecha porque juzgamos su escasa integración.

Cualquiera de ellos es una «Lidia» de las ciudades importantes del mundo contemporáneo que, además de su vivienda y de su trabajo marginal, se reúne a celebrar su fe en espacios alternativos a los de nuestras iglesias institucionales.

Es interesante notar que la estrategia misionera de Pablo, como ya vimos, busca plantar la red eclesial en los márgenes, y se sostiene en la escucha de las conversaciones de esas mujeres que se reúnen a celebrar la fe.

Es importante, también, reivindicar en nuestras iglesias el protagonismo de las mujeres que «sostienen el cristianismo cotidiano» (Lucetta Scaraffia) todavía en condiciones de «periferia», independientemente de que sean catequistas o profesoras de teología, y que las geografías del quehacer teológico siguen estando vinculadas a los centros eclesiásticos, donde lo clerical y, por tanto, masculino, sigue monopolizando el poder.

Se podría considerar, además, el hecho de que ni Lidia ni las mujeres de la [*proseuché*] aparezcan identificadas como «madres», en un momento en el que muchas mujeres entre nosotros reivindican no ser encasilladas en ese rol, y piden ampliar la perspectiva para mostrar las múltiples identidades femeninas.

Es interesante, por último, advertir la lucidez de Lidia para proteger a Pablo y a sus compañeros de la hostilidad del ambiente, posiblemente porque la conocían de primera mano.

Así, algunos autores han explicado que la expresión del v. 15 que suele traducirse como «nos obligó a alojarnos en su casa», solo se encuentra otra vez en el relato de Emaús, donde los viajeros también obligan al compañero misterioso a que se aloje con ellos (Lc 24,29), en un texto que ha comenzado describiendo el desconcierto y el conflicto producido por la muerte de Jesús.

Quizás es este un buen final para recordar que muchas mujeres tienen una sensibilidad especial para reconocer la violencia y la hostilidad porque la sufren habitualmente. Y, así, podemos recordar unas palabras del papa Francisco a propósito del feminicidio, cuando preguntado acerca de la causa en la que en algunos contextos se percibe tanto odio a la mujer, afirmó:

«Yo no sabría dar una explicación sociológica hoy. Sí me atrevo a decir que todavía la mujer está en segundo lugar; en segundo lugar. En un viaje aéreo les conté lo que se dice, cómo empezaron las joyas de las mujeres. ¿Se acuerdan? Bueno. Desde aquella época prehistórica si es verdad o no, veremos; la mujer está ahí. Y eso en el imaginario colectivo. Si acaso la mujer logra puestos importantes, de influjos importantes, los conocemos, casos de mujeres geniales. Pero en el imaginario colectivo ¡uy mira vos una mujer llegó! ¡Llegó a ser un premio Nobel! Gran casualidad. Está en segundo lugar, y del segundo lugar a ser objeto de esclavitud... Basta pasar por Termini, por las calles de Roma, ¿no es cierto? Y son mujeres en Europa, la culta Roma. Son mujeres esclavas. Esclavas. Pues son para eso. Y bueno, de ahí a matarlas...».

(Entrevista al papa Francisco en Televisa, 2019)

Algunas mujeres «Lidia» en las que mirarnos

Terminamos nuestro trabajo haciendo memoria de las distintas mujeres que, a lo largo de la cultura y de la historia, han llevado el nombre de «Lidia».

En España, podemos recordar a Lidia Falcón, una abogada conocida por su compromiso, desde los tiempos de la dictadura, con los derechos de las mujeres, por el que estuvo encarcelada en distintas ocasiones, y que le llevó a fundar y a consolidar distintas revistas y publicaciones especializadas acerca del feminismo y las políticas sobre las mujeres.

Además, en el mundo del deporte, la atleta Lydia Valentín, medallista olímpica que compite en halterofilia, se alza como ejemplo de quien desafía los estereotipos compitiendo en un deporte más relacionado con los varones. Lydia es la única deportista española que ha conseguido tres medallas consecutivas: oro en Londres, plata en Pekín y bronce en Río; tuvo que esperar de cuatro a ocho años para acreditar que, efectivamente, le pertenecían, ya que estaban pendientes de resolver las acusaciones de dopaje contra sus competidoras.

En Estados Unidos, Lydia Rapoport (nacida en Polonia en 1923) fue una académica de la Universidad de Berkeley (California) a quien su experiencia profesional como trabajadora social le ayudó a pensar y dar forma a la «teoría de las crisis» (la crisis se estudia hoy como fenómeno intermedio que forma parte del desarrollo de las relaciones sociales, económicas y políticas), cuyas intuiciones siguen siendo válidas en nuestros días.

En Alemania, aunque con fuertes raíces rusas, Lidia Pasternak (nacida en Rusia en 1902), la hermana del autor de *Doctor Zhivago,* obtuvo un doctorado en química y orientó su carrera de investigadora hacia el estudio de la influencia de las sustancias químicas en el cerebro. Pero, además, dejó una gran colección de poesía escrita en ruso, alemán e inglés, donde volcó las experiencias de su vida, en muchos aspectos, muy infeliz.

Por último, algunos personajes de la literatura y el cine, a veces complejos y difíciles, han llevado el nombre de «Lidia».

La condesa Lidia Ivanovna, una de los protagonistas de la novela *Ana Karerina*, se revela un personaje fuerte, calculador, en cierta manera hipócrita, que se refugia en una religión en cierto modo «místico» para esconder sus frustraciones.

En la tercera temporada de la serie *El cuento de la criada*, el capítulo 8, titulado «El pasado de la tía Lidia», confiere protagonismo a una mujer llamada Lidia que, de alguna manera, sintetiza la distopía mostrando la contradicción de luchar por hacer compatible sus fuertes convicciones evangélicas con su debilidad moral.

Por último, *Lydia, the Tatooed Lady* es una canción que Groucho Marx canta en la película *Una tarde en el circo* (1939) y que convirtió la escena en una de las más memorables del cómico. La letra rememora las excelsas cualidades de una mujer a la que llama Lidia, la más hermosa bajo el sol, y a quien compara con tres mujeres que usaron su belleza para controlar y dominar a los hombres: Thaïs, la cortesana de Alejandro Magno; Madame du Barry, amante de Luis XV, y la actriz Greta Garbo.

Todas estas mujeres llamadas «Lidia» nos invitan a pensarnos como mujeres con autonomía, palabra y pensamiento, y todas ellas nos desafían a ser generosas y hospitalarias con aquellas mujeres que necesitan de ese «paso al frente» que cualquier mujer «Lidia» reivindica.

Esquema visual

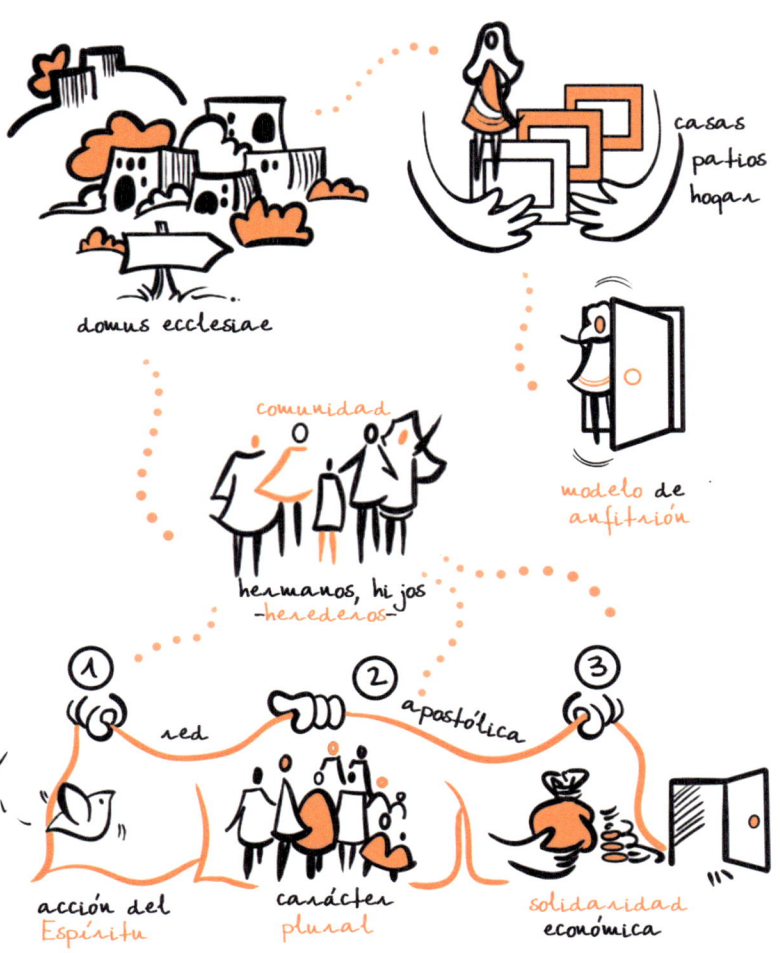

domus ecclesiae

casas
patios
hogar

comunidad

modelo de
anfitrión

hermanos, hijos
-herederos-

1   red   2   apostólica   3

acción del
Espíritu

carácter
plural

solidaridad
económica

57

Para el trabajo individual

- Lee el relato de He 16,11-40 e identifica los sentimientos e inquietudes que te suscita sobre tu conversión y vinculación como creyente y miembro comprometido de la Iglesia.

- Lidia destaca como una persona en búsqueda: sale de su ciudad natal para mudarse a otra, de un tipo de negocio a otro, de una atonía religiosa a una búsqueda sincera. ¿Cómo interpela tu vida? ¿Qué búsquedas reconoces en ti que te han hecho «moverte»? ¿Estás ahora en alguna búsqueda que te «toque» el corazón? Intenta explicar el proceso.

● Lidia visibiliza la riqueza de las vidas, de las experiencias, de los desafíos, etc. que se producen en las periferias. ¿Cómo comprendes tú, hoy, esas periferias? ¿Qué actitudes te despierta y qué desafíos te plantea la periferia?

● Lidia sale de su casa para ir a otra comunidad, a otra ciudad y a sus periferias. Esta es una actitud muy evangélica y misionera, propia de los cristianos. ¿Qué te dice a ti y a tu comunidad (y a la Iglesia) del siglo XXI?

Dinámica grupal

●. Leed el relato de He 16,11-40 y tratad de identificar en qué manera el texto os sorprende como personas, hombres y mujeres, como creyentes y miembros comprometidos de la Iglesia.

●. Lidia destaca como persona en búsqueda: sale de su ciudad natal para mudarse a otra; de un tipo de negocio a otro; de una atonía religiosa a una búsqueda sincera ¿Cómo interpela vuestra vida? ¿Qué búsquedas habéis hecho que os han marcado? ¿Estáis ahora en alguna búsqueda que os «toque» en el fondo de vuestros pensamientos y corazones?

●. Lidia visibiliza la riqueza de vidas, experiencias, desafíos, etc. que se producen en las periferias. ¿En qué manera os ha sorprendido? ¿Qué actitudes descubrís en vosotros cuando se plantean los problemas y desafíos del margen/periferia?

- Pablo singulariza su misión optando por las ciudades y buscando en sus periferias. ¿Qué os parece que está diciendo a la iglesia del siglo XXI?

- La historia de Lidia está escrita con la perspectiva de una iglesia misionera donde las mujeres no se topan con espacios vedados. Intentad escribir una historia de vuestra actual iglesia local desde la experiencia de Lidia como líder de la iglesia doméstica de Filipos: resistencias, colaboraciones, liderazgo, tejido de redes, desafíos, cambios...

- La historia de Lidia desvela unas relaciones sororales entre las mujeres de Filipos. Tratad de identificar o imaginar algunas expresiones de esa relación; tratad de pensar cómo enriquecieron las relaciones entre todos los miembros, hombres y mujeres, de la iglesia doméstica de Filipos.

- Leed ahora el libro de Rut buscando elementos de su personalidad que la identifiquen con Lidia: la sororidad con su suegra, su salida de Moab, su experiencia como extranjera en Belén, su experiencia de Dios en la «casa de Noemí»... Tratad de explicar de qué manera se complementan y pueden ser para las mujeres un modelo de resiliencia, de autonomía y de hospitalidad espiritual.

Rutinas de pensamiento

Piensa, conecta,

1 ¿Qué crees que sabes sobre las mujeres de la red de Pablo?

¿Qué sabes de las mujeres líderes?

¿Qué conoces de la red misional?

¿Qué nombres femeninos recuerdas del NT?

explora

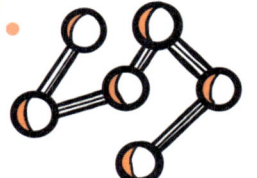

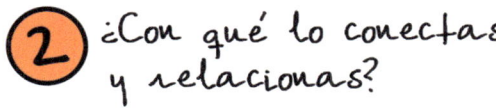

2 ¿Con qué lo conectas y relacionas?

¿Qué papel tenían y tienen las mujeres en la Iglesia?

¿Qué me inquieta de las mujeres en la Iglesia?

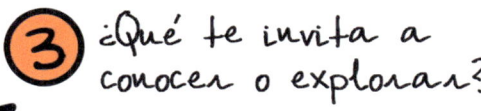

3 ¿Qué te invita a conocer o explorar?

¿Qué te ha sugerido Lidia?

¿Qué quisieras investigar de las mujeres del origen eclesial?

¿Cómo pueden avanzar las funciones de la mujer en la Iglesia hoy?

Piensa, conecta,

1 ¿Qué crees que sabes sobre las mujeres de la red de Pablo?

explora

2 ¿Con qué lo conectas y relacionas?

3 ¿Qué te invita a conocer o explorar?

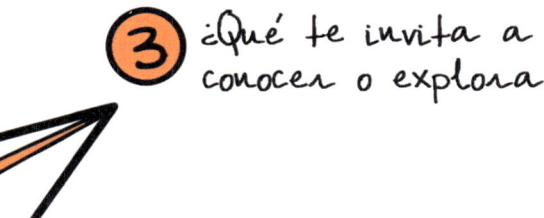

Bibliografía

DUNN J. D. G. (2012a), *El cristianismo en sus comienzos. Comenzando por Jerusalén,* vol. II/1, Verbo Divino, Estella (Navarra).

DUNN J. D. G. (2012b), *El cristianismo en sus comienzos. Comenzando por Jerusalén:* vol. II/2, Verbo Divino, Estella (Navarra).

DUNN J. D. G. (2016), T*he Acts of the Apostles,* Wm. B. Eerdmans Publishing, Michigan (Estados Unidos).

ALAZRAKI V., *Entrevista al Papa Francisco en Televisa:* «*El mundo sin la mujer no funciona*» (28 de mayo de 2019), [Televisa]. https://www.cope.es/religion/hoy-en-dia/iglesia-espanola/revista-ecclesia/noticias/entrevista-papa-francisco-televisa-mundo-sin-mujer-funciona-20190528_1796680

FAU G. (2009), *L'émancipation féminine dans la Rome antique,* Les Belles Lettres, París.

FLEMING J. B. (2019), *Spiritual generosity: Biblical hospitality in the story of Lydia (Acts 16:14–16, 40),* Missiology, 47(1), 51-63. https://DOI.ORG/10.1177/0091829618794942

KEENER C. S. (2003), *Comentario del Contexto Cultural de la Biblia: Nuevo Testamento. El trasfondo cultural de cada versículo del Nuevo Testamento,* Editorial Mundo Hispano.

Lydia (Acts 16), (3 de junio de 2020), en ROSEMARY MITCHELL, *Pioneer Women Reflect on Women in the Bible,* First Presbyterian Church, Filadelfia.

MAÑAS NÚÑEZ M. (1996), *Mujer y sociedad en la Roma imperial del siglo I,* Norba: Revista de historia, 16 (1), 191-207.

WITHERINGTON B. (1992), *Lydia,* en D. N. FREEDMAN & G. A. HERION (eds.), *The Anchor Yale Bible Dictionary, K-N:* vol. IV (pp. 422-423), Yale University Press, New Haven (Connecticut).

Índice

LIDIA